POTIERS QUÉBÉCOIS

La publication de cet ouvrage a été rendue possible grâce à une subvention du Ministère des Affaires Culturelles du Québec.

Photographie de la couverture: Robert Barzel.

   Couverture: *Pot en porcelaine avec une glaçure de faïence rouille, cuisson en oxydation à montre 05*, de Denise Beauchemin.
   Dos de couverture: *Assiettes en faïence, glaçure stannifère, décor à la cire*, de Maurice Gauthier.

Maquette: Jacques Léveillé.

ISBN 0-7761-5350-1

POTIERS QUÉBÉCOIS

Texte : Serge Fisette.
Photographies : Robert Barzel.
Préface de Gaétan Beaudin.

LEMÉAC

À Denise.

PRÉFACE

Ce que j'ai lu et ce que j'ai vu dans ce livre m'a beaucoup ému. Car je sais ce qu'il a fallu aux potiers d'ici d'amour du métier et du mode de vie qui en découle pour arriver là où ils sont aujourd'hui. Il suffit d'examiner les difficultés que rencontre un potier en contexte québécois pour se rendre compte de la qualité de talent, de volonté, de courage et de coeur déployés par les maîtres présentés ici. En effet, à toute fin pratique, le métier de potier n'existe au Québec que depuis peu. Il n'y a pas de tradition à partir de laquelle inventer davantage. Les instruments de base tels qu'ateliers, équipement (tour, four), recettes de matières premières (argiles, glaçures) sont aussi inexistants. Et par-dessus tout, il n'y a pas encore de maîtres pour transmettre les procédés. Le plus difficile pour ces êtres principalement sensibles est de se débattre seuls, avec presque rien, afin d'organiser de toute pièce l'instrument physique, mécanique, technique, avant même de pouvoir commencer à exercer le métier qu'ils se proposent de vivre.

Et les écoles, me direz-vous ? Eh bien ! il n'en existe qu'une et c'est nous tous qui l'avons mise sur pied ; et cela ne relève ni de son mandat, ni de son rôle d'installer et d'organiser des ateliers. Malgré tout cela et beaucoup d'autres carences, qu'il ne convient pas de situer ici, ce livre nous prouve qu'enfin nous avons des maîtres. J'ai pour la

9

plupart d'entre eux respect et admiration car ils nous permettent de vivre dans nos demeures dans la beauté plutôt que dans la pacotille.

Cependant, quand donc le monde du capital, par la parole et l'action de l'état et de l'entreprise privée, aura-t-il aussi pour objectif la diffusion de la beauté et de la qualité de la vie? Ce livre, à mon avis, laisse percevoir que certains hommes peuvent en cette vie d'aujourd'hui, être animés par d'autres motivations que celle de la peur.

Gaétan BEAUDIN

HISTORIQUE

Les découvertes sur la poterie au Québec, depuis les origines jusqu'à la Conquête, demeurent très incomplètes. Elles nous apprennent toutefois que le premier atelier, fondé par Landron et Larchevêque «sur la rive gauche du ruisseau Lairet»[1] près de Québec, remonte à 1686. La France envoie alors des potiers travailler avec ceux d'ici, leur apportant un éventail de formes et de techniques. L'influence française est telle qu'il est difficile à l'archéologue d'identifier la provenance réelle des pièces de ce début de la colonie. Il n'est pas rare de trouver une famille complète à l'atelier de poterie: deux frères s'associant, puis leurs fils, ces derniers épousant des filles de potiers. La poterie est fonctionnelle, uniquement destinée aux usages domestiques: terrines et bols pour le lait, jarres de toutes sortes, cruches, assiettes, théières. L'argile est recueillie sur place, délayée dans de gros malaxeurs manoeuvrés par des chevaux, ou piétinée en moins grande quantité. Les formes sont tournées au tour à pied, recouvertes d'un émail plombifère et cuites dans des fours à bois à des températures variant entre 1500°F (815°C) et 1800°F (980°C). La demande parfois insuffisante entraîne la production de briques et de tuiles. Les po-

11

tiers vivent du troc et de la vente dont le rayon
s'étend souvent à plus de trente milles. Ce type
d'entreprise d'envergure restreinte se rencontre autour des grands centres comme Québec, le long de la
rivière St-Charles, et Montréal, le long de la Rivière
Richelieu. Dans le seul petit village de St-Denis,
par exemple, on a dénombré plus de quatre-vingt
potiers qui se seraient succédés pendant une centaine
d'années. On note également l'existence d'autres ateliers dans la région de Baie St-Paul et du Saguenay.

Bien que, avec l'influence anglaise, l'usage de
la poterie se répande après la Conquête, la poterie
dite artisanale cède peu à peu le pas à l'industrie:
l'ère industrielle s'installe. De grosses usines de production ouvrent leurs portes çà et là, faisant aux potiers une concurrence qu'ils ne pourront supporter
longtemps: Howison à Cap-Rouge, les Bell à
Petite-Rivière, les Dion à l'Ancienne-Lorette, les
Farrar à St-Jean d'Iberville. La poterie, marquée
alors d'influences britannique et américaine, demeure peu représentative de la réalité québécoise,
mise à part celle des Dion. C'est une poterie de coulage et de moulage où priment des objectifs de masse
et de rentabilité. Somme toute, un temps creux sans
véritable intérêt et qui se prolongera jusqu'à une renaissance de l'artisanat et un renouveau de la pote-

rie vers 1930. La Guilde artisanale, qui, depuis quelques années a vu le jour, offre des débouchés aux artisans en ouvrant des magasins, en organisant des expositions. Plus près de nous, se créent l'Office d'artisanat, une section de céramique à l'École des Beaux-Arts et l'École de Métiers où se succèdent plusieurs maîtres d'une influence déterminante sur la poterie actuelle: Pierre-Aimé Normandeau, Louis Archambault, Gaétan Beaudin, Jean Cartier.

Actuellement, il existe au Québec des potiers de toutes origines comme Ken Benson, Dean Mullavey, Wanda Rosynska. Quant aux autochtones, bien qu'issus des mêmes maîtres, beaucoup ont emprunté des voies diverses allant de la murale (Robert Champagne) à la sculpture-céramique (Georgette Cournoyer); de l'enseignement à la recherche (Jacques Garnier); de la production artisanale à la production industrielle (Céramique de Beauce, Poterie Évangéline). Ces ateliers s'échelonnent de la région de Montréal jusqu'en Gaspésie.

Compte tenu de toutes ces diversités, nous avons dû limiter notre étude aux potiers[2] d'origine québécoise, dont les oeuvres relèvent de l'entreprise artisanale. Les treize potiers que nous avons rencontrés représentent un éventail honnête de cette réalité céramique.

13

1. BARBEAU, M., *Maîtres artisans de chez nous*, Les Éditions du Zodiaque, 1942.
2. Fabricants de pots, de contenants.

DENISE BEAUCHEMIN

1-2   Pot en porcelaine, glaçures
      blanche et bleue en
      superposition, cuisson en
      oxydation à montre 9.

3-4   Bouteille en faïence avec
      glaçure au chrome jaune-vert,
      cuisson en oxydation à montre
      02.

1   2

3   4

D'année en année, Denise Beauchemin travaille avec patience, lentement, poursuivant ses recherches dans une sorte de calme et de solitude. L'atelier situé au sous-sol de sa maison sur les bords de la Rivière-des-Prairies, est rempli d'objets étalés çà et là comme les morceaux d'un casse-tête qui n'en finit pas, qu'elle délaisse parfois et auquel elle revient. Un « bon vieux » tour à pied dans un coin, trois fours électriques en face, des étagères chargées de matériaux pour la recherche et, sur les tables, des dizaines de petits pots utilisés comme tests pour les glaçures voisinant avec des dizaines de bouts de terre pour les études de porcelaine.

C'est entre 1965 et 1968 que Denise Beauchemin met au point sa pâte de porcelaine translucide et d'une bonne plasticité. Avant cela, il y a la période faïence. Les poteries de cette époque lui valent plusieurs prix dont celui de Céramiques et Émaux, du Concours artistique de la Province de Québec, de la Canadian National Exhibition et le prix « glaçure sur faïence » à la Biennale de la céramique canadienne. Quelque temps après l'obtention de ce prix, ses nouvelles faïences avec glaçure au plomb et au chrome donnant des tons de vert et de rouille, sont très recherchées. La demande se fait de plus en plus exigeante et, de plus en plus, elle n'est identifiée qu'à ces « rouilles ». Se peut-il alors qu'à cause de ces mêmes faïences elle décide de changer d'orientation et de se consacrer au travail de la porcelaine ? Elle parle de cela comme d'un tournant décisif : après avoir mis au point sa pâte, ajusté des glaçures à son goût, perfectionné la technique du tournage et les recherches de laboratoire, la finesse et la fragilité de la porcelaine la séduisent encore. Ses pièces sont surtout décoratives : des bouteilles petites et fines recouvertes d'une glaçure blanche rehaussée d'un décor bleu ou rose.

Elle a partagé son temps entre la production, la recherche et l'enseignement. Parallèlement à son travail de potier, elle a participé à des travaux de décoration architecturale (dessins de mosaïque de briques, jardins, vitraux) et collaboré à la composition et à l'exécution de deux chemins de la croix en collaboration avec les Indiens de la réserve Amos et de Winneway Témiscamingue. Elle fut aussi animateur-consultant pour un projet de décoration chez les Indiens du Lac Simon. Parmi les expositions auxquelles elle a participé, mentionnons l'Exposition universelle de Bruxelles, le Festival de Stratfford, l'Artisanat du Québec à Paris, l'Exposition internationale céramique en Belgique, la 4e exposition du club international féminin à Paris, d'autres à Montréal et à Québec. Certaines de ses oeuvres font partie de la collection permanente du Musée de la Province de Québec et de collections privées.

Pot en porcelaine avec glaçure blanche, décor cristallisé à l'aide d'une glaçure saturée d'oxyde, cuisson en oxydation à montre 9.

19

Pot en porcelaine, glaçure blanche et glaçure au nickel, cuisson en oxydation à montre 9.

Jarre en faïence avec une glaçure au plomb, décor à l'oxyde de fer, cuisson en oxydation à montre 02.

20

Pot en faïence, glaçure au
plomb et au chrome célèbre
pour son rouille, cuisson en
oxydation à montre 02.

Pot en faïence, glaçure blanche
essuyée à travers des stries
faites par des engobes, cuisson
en oxydation à montre 02.

Pot en porcelaine avec une glaçure de faïence rouille, cuisson en oxydation à montre 05.

Pots en porcelaine, tons de jaune, bleu, rose.

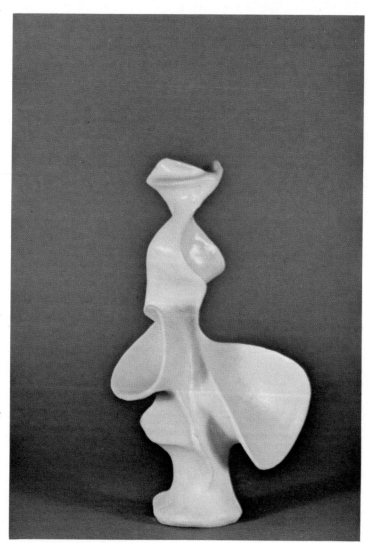

Porcelaine

MARCEL BOCAGE

Pot de fleurs en porcelaine
avec albany slip, cuisson dans
un four à bois (dépôts de
cendres) à montre 9.

Marcel Bocage a la réputation d'être l'un des meilleurs tourneurs d'ici. Une aisance, une sûreté dans les mains, une sorte de magie confèrent à ses pots douceur et raffinement. «Les théières de Bocage» sont un exemple déjà célèbre de sa maîtrise au tour et de sa capacité d'invention. En plus des services à thé, il produit des vases à fleurs, des bols, de longues bouteilles en grès, des coupes, des tasses.

Gaétan Beaudin avait d'ailleurs pressenti ce don pour le tournage en invitant Bocage à travailler chez lui tandis qu'il était encore aux études. Ces six mois à North Hatley constituent les tout débuts de sa carrière. Se succèdent par la suite une série de tentatives diverses: tournage chez Marc Dumas, démonstrations à l'Expo '67, participation à «La terre et le Feu», séjour chez Michel Gagné puis à St-Faustin, enfin l'expérience « d'Arterre » à la poterie Bonsecours, pour une production en commun.

Il effectue après cela un retour à North Hatley où il s'installe définitivement. Il y travaille en collaboration avec d'autres jeunes potiers dans une stabilité qui lui permet de pousser plus loin sa recherche. Il emploie toujours un grès pyrité de sa composition qu'il cuit à hautes températures. Quant aux glaçures, il les aborde tout aussi spontanément que la poterie elle-même, en faisant des essais qui correspondent à ses besoins. Chez lui, une sorte de sensibilité à la matière supplée à la connaissance intellectuelle des techniques. On connaît de lui des jaunes, des bruns et de beaux rouges de cuivre dont il varie les tons en jouant avec les épaisseurs et avec les superpositions, les rehaussant parfois d'un trait à l'oxyde. La porcelaine exerce sur lui une fascination avec l'exigence toute particulière du matériau, les formes plus fines et les revêtements sobres, épurés, à partir d'engobes.

Que ce soit à travers ses grès, ses porcelaines cuites au bois ou ses glaçures, on sent dans la poterie de Bocage une grande sensibilité, un amour et un respect du métier. On sent également la tranquillité d'un homme heureux de se trouver là où il est, rempli de l'espace et des gens qui l'habitent. Il ne participe ni aux expositions, ni aux concours (a-t-il jamais remporté quelque prix?) et son marché s'étend de son atelier au Salon des Métiers d'Art ainsi qu'à la Centrale d'artisanat. Aucune aspiration à la célébrité ou à la richesse, seulement celle de vivre de son métier. Ce qu'il fait profondément.

Bouteille en grès, glaçure blanche à base de dolomie et décor au manganèse, cuisson à montre 9.

29

Théière en porcelaine, glaçure
rouge de cuivre; la moitié
exposée au feu a perdu son
cuivre.

Service à thé en grès

Théière, glaçure rouge
de cuivre, cuisson en réduction
à montre 9.

Coupe en grès

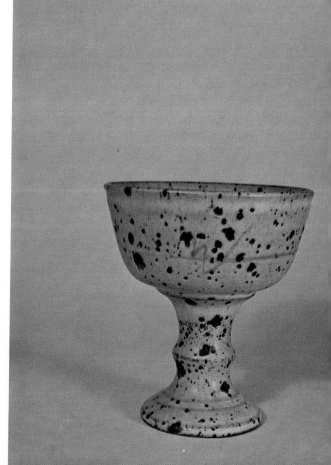

MICHEL DENIS

Jarre pour fèves au lard en grès,
glaçure blanche au rutile,
cuisson en réduction à montre
9-10.

Michel Denis apprend son métier à l'Institut des Arts Appliqués, après quoi il rejoint Marcel Bocage à North Hatley. Ensemble, ils louent un atelier et travaillent durant six mois. Il est embauché par la suite aux Ateliers Claude Théberge à Montréal mais revient rapidement s'installer dans les Cantons de l'Est, chez lui cette fois, dans son propre atelier. Désormais, il travaille seul, avec acharnement, des journées de douze heures pendant plusieurs années. Il est jeune, la poterie a une grande valeur dans sa vie.

Dix ans plus tard, l'atelier s'est beaucoup transformé, agrandi, s'intégrant maintenant à l'architecture et à la vie globale de la maison. S'il consacre moins d'heures à la poterie, il a acquis par contre du métier, de l'efficacité. Il a voyagé pendant ce temps-là, rencontré des gens ; mais la poterie demeure, constante. À North Hatley, avec des potiers des environs, il partage certains travaux. Une fois l'an, par exemple, ils se rassemblent pour fabriquer leur terre. Dans un bâtiment en forme de silo, Michel Denis possède en effet la machinerie nécessaire et la met à la disposition de quiconque en a besoin. Il effectue aussi avec eux des travaux de recherche concernant les glaçures.

Certaines glaçures que Michel Denis utilise sont conçues à partir des matières premières de la région. Des roches broyées et mélangées à d'autres donnent des teintes et des textures spécifiques. Les colorations de ses poteries varient du beige au bleu, au brun. La poterie elle-même est utilitaire et sa beauté est issue de cela : vaissellerie, bols, jarres, casseroles, jardinières. Elle est robuste, spontanée, aux lignes fortement articulées d'où se dégagent fraîcheur, et aisance. Le grès pyrité d'un brun orangé est vitrifié dans un four à gaz à voûte de grande dimension, à des températures autour de 2350°F (1305°C).

La production est écoulée dans les boutiques et à partir de l'atelier où les gens viennent placer des commandes. Annuellement, au temps des Fêtes, il participe à l'exposition-vente organisée par l'Université de Sherbrooke.

Coupe en grès, glaçure à base d'une roche de North Hatley, cuisson en réduction à montre 9-10.

Soupière en grès recouverte d'un céladon avec une forte proportion de fer, cuisson en réduction à montre 9-10.

Pot à épices en grès, glaçure
mate avec décor en réserve
(à la cire) recouverte d'une
large bande de glaçure
temmoku, cuisson en réduction
à montre 9-10.

Jarre pour fèves au lard en grès,
glaçure blanche au rutile,
cuisson en réduction à montre
9-10.

Coupe en grès, glaçure blanche
colorée avec du fer et du
manganèse, cuisson en
réduction à montre 9-10.

Jarre en grès de grande
dimension

40

Détail

DOUCET-SAITO

Pichet en grès, glaçure
craquelée aux cendres, cuisson
en réduction à montre 10.

Louise Doucet-Saito a étudié à l'École des Beaux-Arts en option sculpture, en céramique à l'Institut des Arts Appliqués et à l'École de poterie de North Hatley. À cette école, elle a participé à un séminar sur la poterie donné par Shimaoka, l'un des plus grands potiers actuels, et partit peu après pour le Japon, avec son époux, afin de poursuivre des études et des recherches sur la poterie orientale tout en travaillant avec les potiers. De retour au Québec, ils s'installent à Way's Mills dans les Cantons de l'Est. C'est là qu'après plusieurs voyages et expositions dans divers pays, ils organisent leur vie entre la maison et l'atelier. Ils travaillent dur. Le métier est acquis d'un travail quotidien, passionné et rigoureux. Huit heures par jour, tous les jours, à chercher des formes, à les préciser, à maîtriser la technique du

43

tournage, à la perfectionner comme un virtuose avec son instrument. Ils ont de la détermination et de la confiance.

Les vases tournés de 25, 30 livres exigent d'ailleurs cette rigueur assidue. Quelques jours de relâche et les doigts ont perdu de la sensibilité, de la perfection, du contrôle requis pour ce type de production. Satoshi Saito a quitté son poste à l'Université et se consacre aussi tout entier à la poterie. L'un et l'autre se partagent les différentes étapes de la fabrication des pots : la création des formes, le tournage, l'émaillage et l'art subtil des cuissons.

Les pièces se divisent en deux catégories : d'une part, de petits objets d'utilité courante : pichets, sucriers, crémiers, assiettes, et d'autre part, de grands vases par galettage ainsi que de grands bols et pots au tour, desquels se dégagent force, sûreté, vigueur. Les formes sont solides, bien assises, douces et simples. Chaque pièce est l'objet d'un grand soin et d'une grande perfection. Les matériaux employés sont un grès déjà tout préparé révélant à la cuisson des tons de gris-beige, des glaçures à base de cendres, parfois colorées mais le plus souvent transparentes et rehaussées d'un décor à l'oxyde. Les cuissons au gaz sont faites en réduction à montre 10 (2380°F, 1360°C) dans un four installé dans un des bâtiments. L'atelier lui, est composé de deux étages: celui du bas pour le travail et celui du haut aménagé en salle de montre. Une série de pots y est alignée sur des tables ou à même le sol. Cela constitue pour eux un bon point de vente; mais leur marché est vaste et s'étend à la Centrale d'artisanat, dans toutes les parties du Canada et aux États-Unis. Ils ont participé à plusieurs expositions au Japon et au Canada et remporté plusieurs prix dont Functional Design, le concours artistique de la Province de Québec (deux fois), le prix British American Oil, Majorie Dunford Award et une bourse du Conseil des Arts.

sserole en grès, glaçure aux
idres avec décor à l'oxyde
sous-glaçure, cuisson en
luction à montre 10.

Bols en grès, glaçure craquelée
aux cendres avec décor à
l'oxyde, cuisson en réduction à
montre 10.

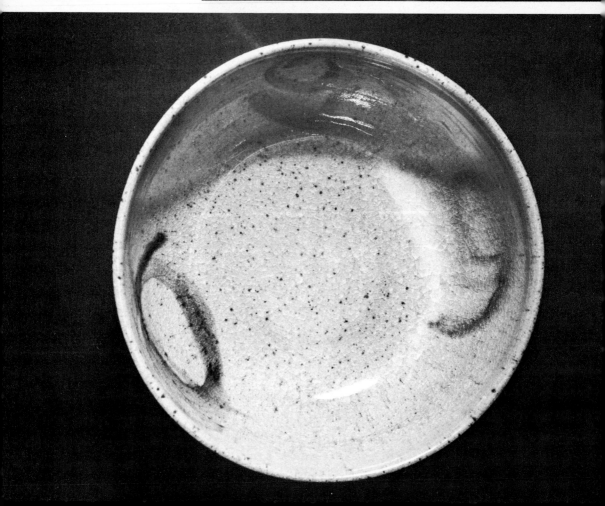

Vase en grès par galettage
(hauteur 1 ½″), glaçure aux
cendres, cuisson en réduction à
montre 10.

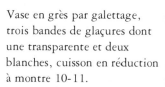

Bols à thé en grès

Vase en grès par galettage,
trois bandes de glaçures dont
une transparente et deux
blanches, cuisson en réduction
à montre 10-11.

Vase en grès, glaçure aux
cendres, décor à l'oxyde de fer.

Vase en grès par galettage,
glaçure blanche aux cendres,
décor à l'oxyde, cuisson en
réduction à montre 10-11.

Vase en grès, glaçure aux
cendres colorée au cobalt.

Vase en grès par galettage

MARC DUMAS

Pichet en grès, glaçure
52   blanche, décor à l'oxyde.

Par défi ou par besoin de diffuser ses pots ailleurs que chez une riche élite, Marc Dumas a eu, dès le départ, des vues très précises sur la façon d'aborder la céramique: faire des pots accessibles à tous, simples, utiles et à prix modique. Des services à liqueur, des bols à soupe à l'oignon, des coupes, des chopes à bière qu'il tourne inlassablement depuis dix ans au rythme de plusieurs centaines par jour. La glaçure agréable est agrémentée d'une large bande de barbotine comme décor et cette dernière est presque devenue comme une marque de commerce. Cette production abondante se retrouve partout: à la Centrale d'Artisanat, dans les boutiques, au Salon des Métiers d'Art et dans d'innombrables maisons. À l'exception de la poterie industrielle ou importée, c'est à coup sûr celle qui est la plus répandue sur le marché.

Marc Dumas ne travaille pas seul. Il a toujours rêvé de former une équipe pour fabriquer de la poterie populaire : un maître-potier avec, autour de lui, des spécialistes pour les glaçures et les cuissons, et d'autres avec des responsabilités moins grandes mais aussi importantes que de battre la terre, d'émailler. Et si c'est là un type d'atelier difficile à réaliser, il y eut tout de même un temps où l'entreprise comptait six ou sept employés.

Marc Dumas s'est formé lui-même. Parti de la peinture et du bas-relief à l'École des Beaux-Arts, il a senti le besoin d'un autre médium. Il a découvert l'argile et y fut initié par Cartier, Lajoie, Beaudin. Après un premier atelier de cinq ans à St-Hilaire, il s'est installé à Montréal, en plein quartier populaire. Il y travaille un grès commercial cuit dans un vaste four au gaz. Une poterie en sort qui, même si elle n'est pas toujours de qualité égale, a l'avantage de répondre au besoin d'un certain marché. Une poterie qui, par son coût peu élevé, se répand sur une grande échelle et se fait connaître à des gens qui autrement ne s'en seraient pas approché.

Coupe en grès

Coupe en grès

Bol à soupe à l'oignon en grès

Vase avec pied en grès, glaçure
temmoku avec une bande
bleue, cuisson à montre 11 en
réduction.

Vase en grès, glaçure
verte et décor gravé, cuisson
en réduction à montre 10.

Carafon en grès avec une
glaçure brune, décor à la
barbotine, cuisson en réduction
à montre 10.

MONIQUE FERRON

Pot fermé, raku ; il s'agit de
deux pots pincés rassemblés,
tons de brun cuivré avec une
bande de glaçure blanc-vert.

Pichet-oiseau en grès avec
superposition de glaçures dont
une couverte de base et une au
chrome et cobalt, cuisson à
montre 9-10.

Venue tard à la céramique, après que les obliga-
tions familiales se soient faites moins pressantes,
c'est aujourd'hui entre ces deux sphères d'activité
que Monique Ferron partage ses énergies. La céramique se fait de plus en plus envahissante bien
qu'elle ne cherche pas à en vivre. Cette situation lui
permet de consacrer plus de temps à la recherche.

Tout a débuté quand elle prit des cours de *design* avec Jean Goguen et de céramique avec Maurice
Savoie. Elle s'est alors spécialisée dans la technique
du colombin en réalisant de grandes bouteilles ova-
les et des bols aux lignes toutes en courbes subti-
les, recouverts de glaçures nuancées comme des
aquarelles. Puis, un changement radical, l'abandon
des maîtres pour ainsi dire. Parler de Monique Ferron maintenant, c'est parler de ses raku. Quelques
retours parfois au grès et à la fragilité qu'elle lui

confère, mais surtout des bols, des théières, des boî-
tes et des plaques murales en raku. Elle est d'ailleurs
l'un des rares potiers d'ici à utiliser cette technique.

Le raku est une technique ancienne d'origine ja-
ponaise qui contient en elle-même toute une philosophie. Les pièces sont fabriquées à la main, de façon rustique, et se doivent de rester proches de la
nature et de l'homme. Le raku a connu une grande
popularité lors des cérémonies du thé au Japon.
Chaque convive façonnait son bol, le cuisait et s'en
servait à la cérémonie. La beauté et la perfection
technique importaient moins que l'authenticité et la
valeur humaine qu'il symbolisait. La technique du
raku est très différente de la manière courante de
faire en céramique. Et si Monique Ferron en a délaissé la philosophie première, elle a, par contre,
conservé la même façon générale de faire. Une fois
donc que le pot a été façonné, il est mis à sécher,
puis il est biscuité et recouvert de glaçure. Pour la
cuisson, elle se sert d'un petit four monté à l'aide de
quelques briques et alimenté d'un brûleur à gaz.
Elle chauffe le four à 1600°F (880°C) et y insère les
pièces, une à une ou deux à la fois, pour une dizaine
de minutes. Elle les retire à l'aide de pinces et les
dépose sur un lit de paille sèche. La chaleur
enflamme la paille instantanément, ce qui produit

des effets de réduction variant les couleurs à certains endroits de la glaçure. La pièce est ensuite plongée dans l'eau pour la refroidir et par le fait même fixer les effets de la glaçure. Il s'agit là d'une technique violente et les occasions de bris et de fendillements sont fréquentes. Mais cela fait partie du jeu comme également la part de hasard dans les coloris des glaçures. Mais le jeu plaît à cette femme. Comme si elle se retrouvait dans les qualités d'ardeur et de passion qu'offre ce médium. Que ce soit à Longueuil ou dans les Cantons de l'Est où elle transporte son four l'été, avec son mari, qui participe aux cuissons, ses amis et quelques initiés, Monique Ferron fait une place pour ces objets rares et méconnus sur le marché actuel.

Elle a exposé au Centre des Arts visuels et participé à une présentation audio-visuelle au Musée des Beaux-Arts lors d'une exposition d'art chinois et japonais.

Bol à thé en raku

Plaque murale, raku dans des
tons de rose au brun.

Bol à thé, raku tons de brun
cuivré avec, à l'intérieur, une
glaçure vert pâle.

Bol à thé, raku, tons de jaune-
vert avec intérieur gris.

Bouteille en grès au colombin,
glaçure feldspathique avec sels
d'oxyde projetés au fusil, décor
de fougère en impression,
cuisson à montre 9-10.

Abat-jour en grès, glaçure
feldspathique, décor en
sgraffito et superposition de
glaçure, cuisson à montre 9-10.

Théière en raku

MAURICE GAUTHIER

Jardinière en faïence, décor à
l'engobe blanc, cuisson en
réduction à montre 02.

Il faut, selon Maurice Gauthier, être créateur partout. Être sensible à soi, à l'écoute à travers les multiples actions de chaque jour, abordées comme des aventures. Dans sa démarche en poterie, il a suivi cette voie.

Maurice Gauthier a collaboré à « Arterre » avec Richard Thibault et Marcel Bocage. C'est une expérience qu'il dit née de la poésie et du désir de travailler ensemble. Il y avait le matériel en commun, l'atelier à la Poterie Bonsecours, un four à Rock Forest, un vendeur pour la tournée des boutiques. Une grosse machine mise en branle qu'une dissension fait cesser. Précédant cela, un travail à temps partiel dans un atelier de céramique qui le mène à l'Institut des Arts Appliqués, un séjour chez Guy Ouvrard à St-Paul-de-l'Ile-aux-Noix.

Sa poterie reflète comme lui plusieurs tendances, rend compte de plusieurs recherches poursuivies puis transformées. Le grès des débuts sera délaissé pour la faïence, les pièces décoratives, pour des pièces utilitaires. Il est un des seuls, d'ailleurs, à employer la faïence, comme les potiers d'autrefois. Des jardinières, de grandes assiettes finement tournées, finement décorées à l'aide de molettes, de la vaissellerie. Et, malgré ces changements, une poésie, une sensibilité transmises à la poterie d'une étape à l'autre, d'une façon sereine. Peut-être veut-il poétiser davantage le quotidien, avec sa vaisselle par exemple.

Sa poterie est bien faite, tournée, décorée avec, semble-t-il, un plaisir intense. Elle est paisible, simple, un peu austère et on a avantage à regarder de près si l'on veut en apprécier toutes les qualités. La terre est souvent blanche, sauf pour les jardinières d'un brun très foncé auxquelles sont fixées des attaches en corde rude. Les glaçures sont blanches ou légèrement transparentes, soulignant encore davantage la grande douceur de ces poteries.

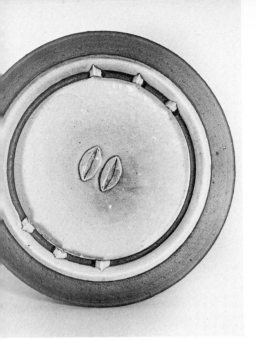

Cendrier en faïence chamottée,
glaçure blanche, décor
estampillé, cuisson à montre
02.

Grande assiette de table en
faïence, décor à la molette et
estampillé.

Bols à soupe à l'oignon,
superposition de glaçures
blanches, décor à la cire entre
les couches de glaçures.

Jardinière en faïence.

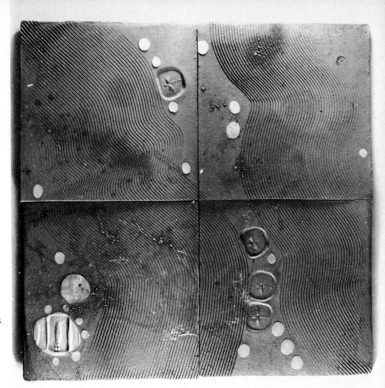

Carreaux en faïence, décor à l'aide de pastilles de terre blanche et charbon de bois.

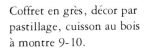

Coffret en grès, décor par pastillage, cuisson au bois à montre 9-10.

Vase à fleurs

Bol en faïence, glaçure
stannifère.

Assiette en faïence

PIERRE LEGAULT

Ensemble de carafe et verres
torsadés en grès, glaçure de
type kaki, cuisson en réduction
à montre 10.

Pierre Legault a travaillé durant huit ans dans le domaine de la construction avant de se consacrer à la céramique de façon active, efficace, rentable. C'est en 1960 qu'il commence à produire tout en entreprenant des recherches sur les argiles et les glaçures. Il vit alors exclusivement de sa poterie. Durant cette période, il suit des cours de Shimaoka, participe à de nombreuses expositions et est invité à représenter le Québec à Tours, en France.

En 1965, il s'associe avec deux autres potiers pour fonder Pierre Legault inc., une usine de fabrication d'équipement et de matériaux céramiques dont un tour qui porte son nom. Il enseigne également dans des clubs de poterie et dans des commissions scolaires tout en réalisant son travail personnel de potier. À son propre atelier, il dispense des cours de tournage et de technologie. Aujourd'hui, l'usine a pris de l'expansion et offre aussi des produits finis. Pierre Legault y travaille comme *designer* en tournant des prototypes qui seront coulés sur place. Au plan de la production personnelle, il continue à tourner des chopes à bière, des bols à soupe à l'oignon, des vases décoratifs, des services à thé et à liqueur et de grands bols à fruits. C'est une poterie bien faite, tournée avec aisance ; les glaçures sont soit aux cendres, soit un « kaki » québécois, soit avec des décors en sous-glaçure. Les matériaux sont tour à tour de la faïence blanche, du grès, de la porcelaine.

Il travaille surtout à partir de contrats, ne vend dans aucune boutique, se contentant d'une exposition bi-annuelle à sa maison de Pierrefonds où sont vendues des petites séries et des pièces exclusives. Des oeuvres ont été primées à Céramiques canadiennes en '67.

Carafe et verres en porcelaine, glaçure « typhane », décor en sous-glaçure au cobalt et fer magnétique, cuisson en réduction à montre 10.

Vase en grès, glaçure bleue de
fer et décor à l'ocre en
sous-glaçure, cuisson en
réduction à montre 10.

Bouteille rectangulaire en grès
faite par plaques, la surface est
recouverte de cendres.

Pot en grès, glaçure aux
cendres à l'intérieur et cendres
seulement à l'extérieur,
cuisson en réduction à montre
10.

Bouteille hexagonale en faïence
blanche chamottée, glaçure
incolore sur glaçure brune.

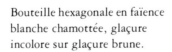

80

ENID SHARON LEGROS

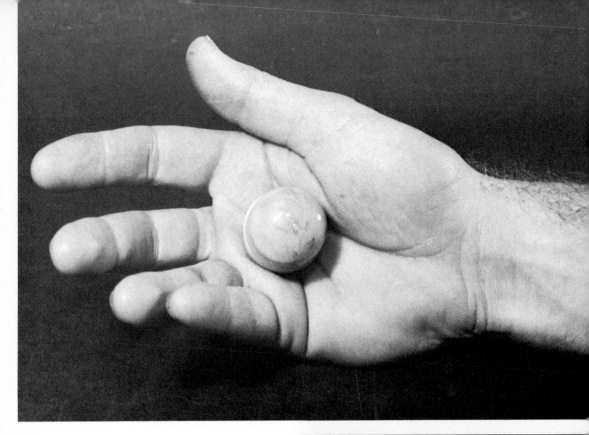

Coffret en porcelaine; il a la
particularité d'avoir un
couvercle qui puisse se visser,
cuisson en réduction à montre
11.

Pot *Flower Sculpture*, porcelaine
coulée, déformations, glaçure
transparente, cuisson en
réduction à montre 11.

Enid Sharon Legros est installée en Gaspésie au flanc d'une colline, entre la forêt et la mer dans un paysage grandiose et sauvage. Elle a connu avant autre chose: Montréal pour ses études à l'École des Beaux-Arts et à l'Institut des Arts Appliqués, et Paris pour un séjour de trois ans, grâce à des bourses des gouvernements français et québécois, à l'Atelier de Francine Delpierre. À Paspébiac, elle fabrique de petits objets en porcelaine: des bagues, des bouteilles, des bols. Diverses techniques sont employées selon les objets: les bols sont tournés, les bagues sculptées, les coffres coulés. Chacun devient unique par l'application du décor ou par les transformations qu'elle apporte à la forme. C'est une façon de travailler plus proche de celle de l'artisan-artiste que de celle du producteur de grande série. Chaque pièce

83

est conçue avec la minutie d'un horloger et requiert souvent des heures de travail. Les décors sont gravés à l'aide de peignes minuscules, d'aiguilles en ivoire et de tout un assortiment d'outils qu'Enid Sharon Legros a elle-même sculptés selon ses besoins. Elle agit tout aussi méticuleusement lors de l'émaillage au fusil et du fragile enfournement. Par exemple, elle a conçu un pilier d'enfournement spécial pour chaque type de bagues.

Les objets sont beaux, lumineux de clarté et de raffinement; des objets de musée et de consommation de grand luxe.

Le matériau qu'elle utilise est une porcelaine de son cru pour le coulage et une porcelaine commerciale pour le tournage. Les glaçures sont transparentes ou légèrement teintées au cobalt, cuivre ou fer. L'équipement particulièrement spécialisé comprend un tour, un « ball mill », un cabinet d'émaillage et trois fours dont un au gaz, un à l'électricité et un à émaux de troisième feu.

Elle a remporté plusieurs prix dont la « Croix de Chevalier de la Commission supérieure des Récompenses » (France) en 1969 et « Prize for Porcelain » décerné par Indusmin Ltée. Elle a participé à diverses expositions en France, en Italie, au Japon et aux États-Unis.

Bouteille *Cherry Tree,*
porcelaine coulée, décor
appliqué avec barbotine et
sgraffito, glaçure au cuivre,
cuisson en oxydation à montre
11.

Vase Sculpture Number One,
porcelaine tournée et
colombins, glaçure transparente, cuisson en réduction à
montre 11.

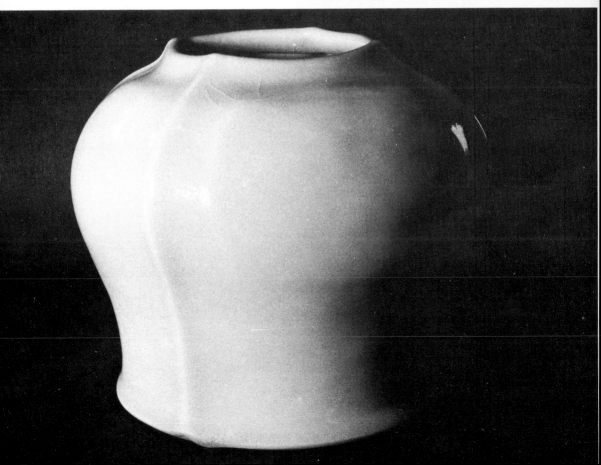

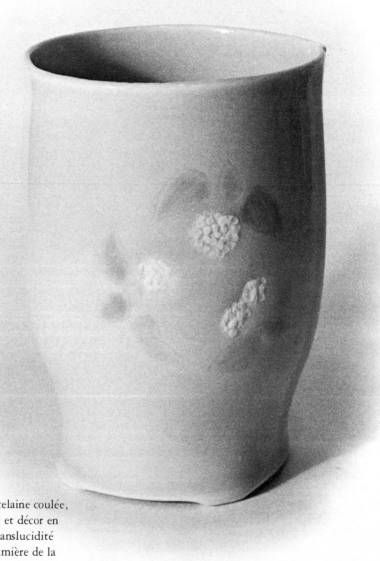

Bougeoir en porcelaine coulée,
glaçure au cobalt et décor en
relief blanc, la translucidité
laisse passer la lumière de la
bougie, cuisson en réduction à
montre 11.

Bagues sculptées en porcelaine,
Framboise rouge vient d'un
émail de troisième feu, *Fleur
gravée* est recouverte d'une
glaçure au cobalt, cuisson en
réduction à montre 11.

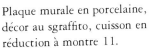

Plaque murale en porcelaine,
décor au sgraffito, cuisson en
réduction à montre 11.

Bol tourné en porcelaine avec
pied sculpté, des fleurs bleues
à l'intérieur sont faites à partir
d'aquarelles céramique, cuisson
en réduction à montre 11.

JACQUES MARSOT

Vase en grès, glaçure blanche
et bleue ainsi que *p4* au fer.

Jarre en grès, cuisson en semi-
réduction à montre 10.

Cendrier en grès ; à noter la
ligne particulièrement
fonctionnelle.

Jacques Marsot est ce qu'on peut appeler un potier prolifique; à trente ans, il jouit d'une très bonne réputation fondée sur la qualité de son travail. Diplômé de l'Institut des Arts Appliqués, il a combiné quelque temps le métier de professeur et celui de potier dans un premier atelier en banlieue de Montréal.

Ses poteries sont avant tout fonctionnelles: cendriers, jarres, casseroles, jardinières. Les formes sont sobres, nettes, précises et il s'en dégage une sorte de logique intérieure. Des pots que l'on apprécie dans le quotidien à s'en servir d'une fois à l'autre et qui renouvellent un plaisir intérieur, imperceptible presque, dans les gestes d'arroser une plante ou de cuire un repas.

L'atelier est à Mystic, dans les Cantons de l'Est, installé au fond de la cour, vaste, clair, pratique. Son four, dont il est particulièrement fier, est à flamme renversée et à voûte. La porte est déplacée grâce à un ingénieux système de rails. Une tuyauterie complexe achemine le carburant aux brûleurs situés de chaque côté. Il y travaille un grès de sa composition qu'il recouvre de glaçures à hautes températures. Ses blanc-et-bleu rehaussés de pyrites sont forts appréciés.

De l'atelier, on aperçoit les animaux, le jardin, la maison, la poterie comme un tout, s'intégrant à cette campagne. « Un potier-cultivateur » aime-t-il lui-même à se définir. L'un nourrit l'autre et le métier devient une façon d'être, de vivre : celle de tourner des pots mais celle aussi de prendre du plaisir à bâtir l'atelier, à monter sur le tracteur, à fumer le jambon. Vingt-cinq métiers comme il dit, tous importants, liés dans une structure, un climat. La poterie elle-même prendra-t-elle des airs de campagne ? On ne choisit pas un mode de vie sans qu'il ne se répercute sur l'oeuvre. Déjà la terre est découverte davantage sur les plus récents pots, nue, retrouvée, pleine et comme se suffisant à elle-même.

Le Salon des Métiers d'Art et les boutiques sont les principaux moyens d'écouler la marchandise. Il

vend aussi sur place et dans les environs.

Verres en grès, glaçure
blanche et bleue, cuisson en
réduction à montre 10.

Tasses à café en grès,
glaçure blanche et bleue.

94

Bol sur pied en grès

Plat au four en grès, décor à
la poire.

Jarre en grès, cuisson en semi-
réduction à montre 10.

Beurrier en grès

Saucier en grès, glaçure
blanche, cuisson en semi-
réduction à montre 10.

ROSALIE NAMER

Vase en grès, décor par
pastillage.

La première année qu'elle fit de la poterie, elle jeta tous ses pots. Rosalie Namer a toujours persisté dans cette rigueur, éliminant au fur et à mesure ce qui n'était pas satisfaisant. Elle aime les pots décoratifs mais s'efforce continuellement de revenir à une production plus populaire. Avec ses pots, elle reste en contact avec les gens dans leur quotidien. La pièce décorative, davantage accessible à une élite, devient un facteur d'isolement. Elle a d'ailleurs fait de la sculpture et de la peinture mais leur a préféré une rencontre avec les gens à travers des choses plus simples, plus courantes. Pour la même raison, elle ne participe plus aux expositions mais répand sur le marché ses objets utilitaires. Elle fait de la poterie comme on donne ce que l'on possède, uniquement cela, comme un parent qui donne aux enfants et n'attend rien. On sent chez cette femme, quand on la rencontre ou par le biais de ses pots, ce respect de l'autre. Elle est passionnée par son métier, active, énergique. Elle semble un peu solitaire même si elle a enseigné longtemps et rencontré beaucoup de monde. En vingt ans de céramique, elle a enseigné durant quinze ans, et ce, le jour comme le soir. L'enseignement est un métier exigeant; malgré cela, elle n'a jamais cessé de produire, persistant dans son besoin de faire de la poterie. Il faut pour cela beaucoup d'énergie.

Elle travaille vite, répond à de grosses commandes venues de tout le Canada: services de vaisselle, casseroles, coupes, verres, théières, jardinières et bien sûr parfois, comme pour se reposer de l'exigence fonctionnelle, quelques vases décoratifs. Le grès est de sa propre composition. Elle fut d'ailleurs la première à introduire ici ce matériau qui depuis a rencontré la faveur de la majorité des potiers. Elle a déjà obtenu une bourse du Conseil des Arts du Canada pour mener des recherches sur les terres. Elle est également une spécialiste dans les glaçures; les recherches à ce niveau l'ont toujours passionnée.

Casserole en grès avec glaçure
bleue de fer.

Vase en grès, glaçure céladon,
décor à l'oxyde de fer, cuisson
en réduction à montre 10.

Vase en grès, glaçure temmoku.

Verres en grès, glaçure
blanche, cuisson en réduction à
montre 12.

Bouteilles en grès décorées
avec de la terre de faïence et
une glaçure blanche, cuisson
en réduction à montre 10.

Pichet en grès avec glaçure
blanche mate et décor à
104   l'oxyde de fer.

Bol en grès, glaçure blanche
mate et bleue de fer, décor
à l'oxyde de fer, cuisson en
réduction à montre 10.

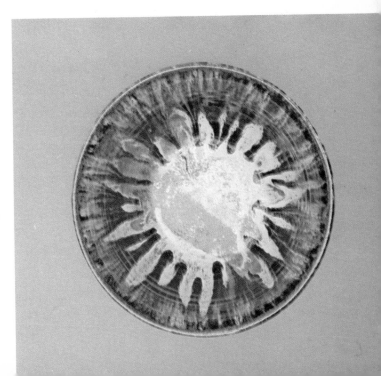

Bol en grès, glaçure bleue de
fer à l'intérieur et temmoku à
l'extérieur, cuisson en
réduction à montre 10.

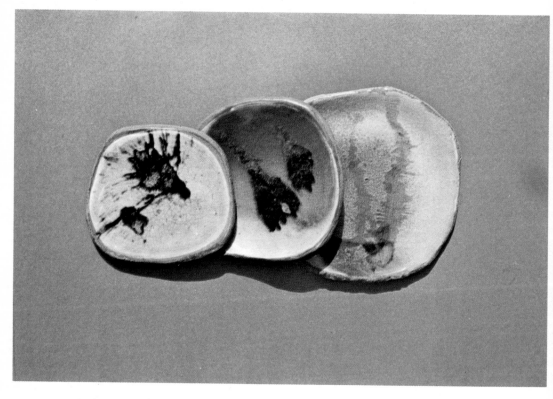

Assiettes en grès, l'intérieur
est recouvert de porcelaine,
glaçure céladon et décor au fer.

MAURICE SAVOIE

Double vase blanc (hauteur
17″) à l'extrusion, faïence fine
recouverte d'une glaçure
transparente, cuisson en
oxydation à montre 02.

Il y a peu de vieux potiers au Québec. La plupart sont nouveaux dans le métier. Les plus âgés y sont venus tard ou bien ont changé de voie en chemin. Maurice Savoie est engagé depuis longtemps, combinant dès ses débuts la poterie (faire des pots) et la céramique au niveau du *design* et de la murale. Vingt-cinq années remplies de recherches et de tentatives diverses. Ses pièces reflètent sa douceur, sa finesse, sa sensibilité. Il travaille dans la quête constante de l'harmonie entre l'aspect fonctionnel des objets et leur beauté.

Il a étudié la peinture avec Géraldine Bourbeau, la sculpture ainsi que la céramique à l'École du Meuble, à Faenza, à Rome et à Paris chez Francine Delpierre. Natif de Sherbrooke, il y a travaillé deux ans dans un atelier personnel, et comme professeur par la suite. Puis il y eut l'enseignement à Montréal.

Dès la fin de ses premières études en céramique, il sent une attirance pour des techniques nouvelles. Au tour, il a vite préféré des techniques manuelles telles le colombin, le galettage et la machine à extrusion. Il devient un créateur de pièces uniques ou tout au plus de petites séries. Des pots recherchés au niveau de la ligne, parfois proches de la sculpture. Des pièces coûteuses comme des oeuvres d'art et donc destinées à une certaine élite.

Parallèlement, il est attiré par des oeuvres de plus grande envergure comme la conception de matériaux pour l'architecture (briques, modules) et la création de murales. Une murale au métro est certes plus populaire qu'une poterie acquise par un collectionneur. Un cheminement s'est fait vers un art plus accessible à tous, moins hermétique. La céramique « artistique à tirage de gravure » a été délaissée pour un type de poterie utilitaire fabriquée mécaniquement. Il conçoit des prototypes qui sont reproduits par coulage en grande série et vendus à prix abordable: des coupes, des services à thé, des vases.

Maurice Savoie est détenteur de quelques bourses et prix dont « Céramiques canadiennes » et une deuxième mention au « Concours International de la céramique » en Italie. Il fut membre du jury à ce même concours en 1973 à Calgary.

Boîtes-mystère en terre cuite
estampillée, éclairage à
l'intérieur.

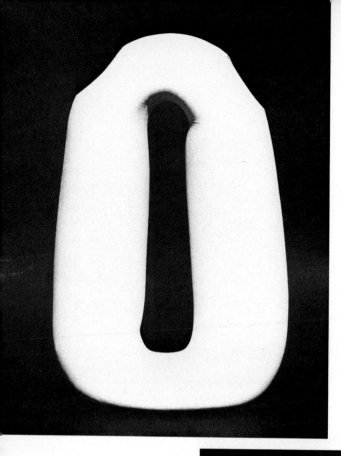

Pot-sculpture en faïence fine
blanche, fait à la machine à
extrusion.

Plateau à l'extrusion.

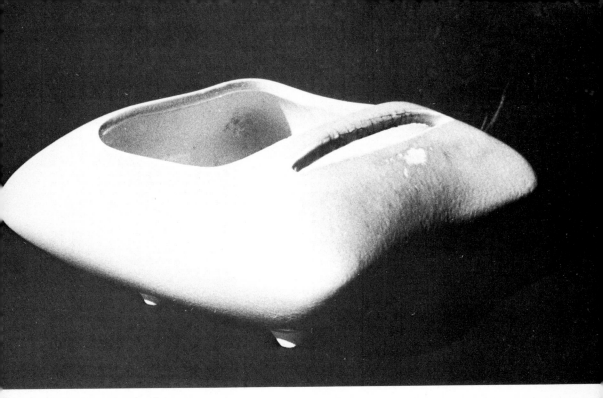

Cendrier en faïence fine coulée

Boîte au colombin avec une glaçure aux cendres d'érable et un décor à l'estampe, cuisson en oxydation à montre 9-10.

113

Objet en terre cuite avec un
décor à l'engobe, cuisson en
réduction avec des effets de
surface donnés par la paille et
le charbon.

Cylindre en grès à l'extrusion,
glaçure à l'oxalate de cuivre
appliquée au fusil, cuisson en
oxydation à montre 9-10.

114

ALAIN ET MICHÈLE TREMBLAY

Théière en grès à partir d'une
bouteille, glaçure au
magnésium et décor au cobalt,
cuisson au bois à montre 11.

Ils sont deux, mari et femme, à faire une poterie débordante et généreuse dans ses formes et dans ses couleurs, pleine de vie, exubérante. Ensemble, ils conçoivent quantité de pots de toutes formes, de toutes dimensions : des vases, de grandes assiettes, des bouteilles, des objets « inutiles », des soupières, des coupes, des théières. Eux-mêmes d'ailleurs vivent cette pluralité par leurs diverses activités de peinture, gravure, musique. En poterie, ils produisent en commun bien que Michèle travaille davantage au plan des glaçures, cherchant de nouveaux coloris comme des mauves et des roses. Le plus souvent, Alain Tremblay est au tour, à créer des formes. Il veut fabriquer une poterie qui se rapproche de la sculpture, trouver de nouveaux *design* pour les objets fonctionnels, comme au niveau des anses et des

117

couvercles, ou encore il intègre ces deux tendances dans des sculptures utilitaires.

Les formes varient selon les années mais elles gardent toujours un aspect sauvage et primitif surgi de la campagne environnante. L'atelier est aménagé à même la maison, un peu en retrait du village de Val David, dans les Laurentides. Enfant, Alain Tremblay façonnait des pots sur les bords du Saguenay et les cuisait dans son foyer. Aujourd'hui, la rivière longe l'atelier, le foyer s'est changé en un vaste four. Le jeu est devenu métier.

Ces changements se sont faits successivement grâce à un cour à l'Institut des Arts Appliqués, à un stage à North Hatley, à un séjour chez Jean Cartier et à un voyage de trois ans en Europe durant lequel il délaisse la poterie pour la sculpture et le dessin afin d'enrichir son vocabulaire de formes. Il a été engagé comme potier-démonstrateur lors de l'Exposition Universelle en '67 ; la même année, il remporta le premier prix au concours des Fêtes du Centenaire de la Confédération canadienne.

Vase à fleurs en grès, glaçure
au magnésium avec chrome
et cobalt, appliqués décorés
par impressions, cuisson en
réduction à montre 11.

Bas-relief en grès, symboles à
partir du jeu d'échecs stylisé,
glaçure de base au magnésium
et glaçure temmoku en
certains endroits, cuisson en
réduction à montre 11.

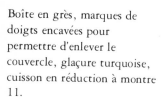

Boîte en grès, marques de
doigts encavées pour
permettre d'enlever le
couvercle, glaçure turquoise,
cuisson en réduction à montre
11.

Tasse en grès, des boutons ont
remplacé l'anse classique,
glaçure turquoise et bande au
rutile, cuisson en réduction à
montre 11.

Oeufs en grès, superposition de
glaçures blanches et temmoku
noir, cuisson au bois à montre
11.

121

Jarre en grès, glaçure bleue
et rose au cobalt, cuisson en
réduction à montre 11.

Vase à fleurs en grès,
superposition de glaçures au
magnésium et à l'étain,
cuisson en réduction à
montre 11.

GLOSSAIRE

Atelier Francine Delpierre : atelier de céramique réputé en France.

Ball mill : malaxeur pour les matériaux céramiques.

Barbotine : argile liquide.

Biscuit : argile ayant subi une première cuisson.

Colombin : technique de façonnage manuel consistant à enrouler des boudins de terre les uns sur les autres.

Coulage : technique de fabrication industrielle.

Engobe : argile colorée servant au décor.

Faenza : ville d'Italie, centre important de céramique.

Faïence : type d'argile exigeant généralement un vernis.

Feldspath : roche faisant partie de la composition de certaines terres et glaçures.

Galettage : technique de façonnage manuel par laquelle le pot est assemblé à l'aide de galettes d'argile.

Glaçure : enduit vitreux dont on recouvre un pot.

Grès : type d'argile ayant la propriété de se vitrifier à la cuisson.

Kaki : glaçure de type japonais.

Machine à extrusion : appareil servant à extraire de longs boudins de terre de formes variables.

Montre fusible : bâtonnet indiquant la température du four lors d'une cuisson.

Oxydation : type de cuisson comme on en fait généralement dans un four électrique.

Porcelaine : type d'argile blanche.

Pot pincé : technique de façonnage manuel où l'on pince la terre pour lui donner la forme voulue.

Pyrites : particules apparaissant à la surface de certains grès après la cuisson.

Réduction : procédé de cuisson modifiant l'aspect de l'argile et de la glaçure.

Salon des Métiers d'Art : exposition annuelle d'une grande ampleur se tenant à Montréal au temps des Fêtes.

Sgraffito : type de décor consistant à appliquer un engobe et à le gratter à certains endroits.

125

BIBLIOGRAPHIE

Barbeau, Marius. *Maîtres artisans de chez nous.* Les éditions du Zodiaque, 1942.

Boréal Express, vol. 5, no. 13.

Gaumont, Michel. *La poterie de Cap-Rouge.* Civilisation du Québec, 1972.

Lamy, Laurent et Suzanne. *La renaissance des métiers d'art au Canada français.* Collection Art, Vie et Science au Canada français, 1967.

Webster, Donald. *Early Canadian Pottery.* Mc Clelland and Stewart Limited, 1971.

TABLE DES MATIÈRES